Anne Frank

Jonatha A. Brown

Consultora de lectura: Susan Nations, M.Ed., autora/tutora de alfabetización/consultora

WEEKLY WR READER®
EARLY LEARNING LIBRARY

Please visit our web site at: www.earlyliteracy.cc
For a free color catalog describing Weekly Reader® Early Learning Library's list
of high-quality books, call 1-877-445-5824 (USA) or 1-800-387-3178 (Canada).
Weekly Reader® Early Learning Library's fax: (414) 336-0164.

Library of Congress Cataloging-in-Publication Data

Brown, Jonatha A.
    Anne Frank / by Jonatha A. Brown.
      p. cm. — (Gente que hay que conocer)
    Includes bibliographical references and index.
    ISBN 0-8368-4351-7 (lib. bdg.)
    ISBN 0-8368-4358-4 (softcover)
    1. Frank, Anne, 1929–1945—Juvenile literature. 2. Holocaust, Jewish (1939–1945)—Netherlands—
Amsterdam—Biography—Juvenile literature. 3. Jews—Netherlands—Amsterdam—Biography—
Juvenile literature. 4. Jewish children in the Holocaust—Netherlands—Amsterdam—Biography—
Juvenile literature. 5. Amsterdam (Netherlands)—Biography—Juvenile literature. I. Title. II. Series.
DS135.N6F7323   2004c
940.53'18'092—dc22
[B]   2004043067

This edition first published in 2005 by
Weekly Reader® Early Learning Library
330 West Olive Street, Suite 100
Milwaukee, WI 53212 USA

Copyright © 2005 by Weekly Reader® Early Learning Library

Based on *Anne Frank* (Trailblazers of the Modern World series) by Jonatha A. Brown
Editor: JoAnn Early Macken
Designer: Scott M. Krall
Picture researcher: Diane Laska-Swanke
Translators: Tatiana Acosta and Guillermo Gutiérrez

Photo credits: Cover, title, pp. 4, 5, 8, 13, 15, 16, 19 © Anne Frank Fonds-Basel/Anne Frank House-
Amsterdam/Getty Images; p. 7 © Bettmann/CORBIS; pp. 10, 18, 21 © Hulton Archive/Getty Images;
p. 17 Photographic assistance: Anthony E. Anderson

Printed in the United States of America

1 2 3 4 5 6 7 8 9 08 07 06 05 04

Contenido

Las palabras del Glosario van en **negrita**
la primera vez que aparecen en el texto.

Capítulo 1: La niñez de Anne

Esta antigua fotografía muestra a Ana (a la izquierda), a la señora Frank y a Margot en Alemania, en 1933.

Anne Frank nació en Frankfurt, Alemania, el 12 de junio de 1929. Allí pasó sus primeros cuatro años de vida.

Después, su familia se mudó a Holanda. Allí Anne creció, junto a su hermana mayor Margot y a sus padres. Todos tuvieron que aprender a hablar holandés. De pequeña, Anne se enfermaba con frecuencia, pero le iba bien en la escuela. Tenía unos bucles oscuros y una sonrisa dulce y algo desigual.

A Ana (a la derecha) y a sus amigas les gustaba jugar con aros y montar en patinetas de madera.

Como a otros niños, le gustaba el helado y jugar con sus amigos.

Anne era una niña alegre a la que le encantaban los secretos. También le encantaba hablar. Hablaba y hablaba, aunque nadie la escuchara.

Anne quería ser **famosa** cuando fuera mayor. Soñaba con ser una estrella de cine. También soñaba con ser escritora. Estaba segura de que un día llegaría a conseguirlo.

Los Frank eran una familia normal y corriente. Iban juntos de viaje. Se ayudaban mutuamente. El señor Frank solía estar en el trabajo. Cuando estaba en casa, jugaba con las niñas. Les contaba historias y les enseñaba canciones divertidas.

Esta familia se distinguía de las demás sólo en una pequeña cosa: eran judíos, mientras que la mayoría de sus amigos eran católicos. No celebraban las mismas fiestas que sus amigos, pero compartían con frecuencia sus celebraciones. Todos los niños se divertían.

Capítulo 2: Empieza la guerra

Cuando Anne era muy pequeña, un hombre llamado Adolf Hitler se hizo con el poder en Alemania. Hitler quería más territorio y más poder, y empezó a invadir otros países. Muchas naciones pensaron que Hitler estaba yendo demasiado lejos. Pero Hitler quería aún más. Finalmente, en 1939, Gran Bretaña y Francia decidieron hacerle frente y le declararon la guerra a Alemania.

El ejército alemán era muy poderoso, y ganó batalla

Adolf Hitler (centro) quería dominar el mundo. La mayoría de las personas llegaron a odiarlo.

tras batalla. Pronto, las **tropas** alemanas entraron en Holanda. Allí la gente estaba preocupada y atemorizada.

Los Frank estaban aún más preocupados que sus amigos. Habían oído que Hitler odiaba a los judíos, y temían que les haría la vida imposible.

Sus peores temores se hicieron realidad. Poco después, a los judíos no se les permitía hacer las cosas

Ana (detrás) posó para esta fotografía junto a una maestra y dos amigas de la escuela. Tenía unos once años.

más normales. Anne ya no podía ir a la escuela con sus amigas católicas. No podía montar en su bicicleta. Ni ella ni Margot podían salir de su casa por la noche. ¡No podían hacer ninguna de estas cosas sólo porque eran judías!

Un regalo especial

Aun así, las dos niñas se divertían. Cuando Anne cumplió trece años, su cumpleaños fue muy especial. Recibió un montón de regalos. Uno de ellos era un bonito libro con hojas en blanco y un pequeño candado. Era un diario. Ana podía escribir en él lo que quisiera. Siempre lo dejaba cerrado para que nadie pudiera leer sus secretos.

A Anne le encantaba su diario nuevo. En él escribía cosas divertidas que le ocurrían en la escuela. Escribía sobre su familia y sus amigos. Y escribía sobre ella. Podía contarle a su diario cómo se sentía, hasta cuando no podía contárselo a nadie más.

Escondidos

Pocas semanas después de ese cumpleaños, los padres de Anne la despertaron temprano. "¡Levántate!", le susurraron. "Ponte todas las capas de ropa que puedas. ¡Apúrate!". Anne no sabía qué pensar. Se puso vestidos y camisas y suéteres, unos encima de otros.

Cuando llegaron los alemanes, la gente, asustada, se escondió en sus casas.

Después se puso un impermeable. Llevaba tanta ropa que apenas si lo pudo abotonar. También se llevó su bolsa de la escuela. En ella metió sus libros escolares, su cepillo del pelo y su diario.

Todos juntos

Cuando Anne estuvo lista, los Frank abandonaron la casa. Mientras caminaban por la calle, su padre le dio malas noticias.

¡A los judíos, los alemanes les estaban quitando sus hijos! El señor Frank no quería separarse de sus niñas. Su familia permanecería unida, pasara lo que pasara.

Después, el señor Frank le dijo a Anne por qué se habían puesto toda esa ropa. ¡Se iban a esconder!

Caminaron hasta las oficinas donde trabajaba el señor Frank. Una amiga los esperaba al otro lado de la puerta. Hizo señas a los Frank de que no hicieran ruido y les hizo subir por las escaleras de atrás. Llegaron a una pequeña puerta gris, tras la que había más escaleras. Subieron hasta un ático polvoriento. Allí se detuvieron.

Querido Diario

El 12 de junio de 1942, Anne hizo la primera anotación en su diario (dirigida al diario):

"Espero poder **confiártelo** todo, como aún no lo he podido hacer con nadie, y que seas una gran fuente de consuelo y apoyo".

Ana (sin sombrero), con el resto de su familia. Estaba muy orgullosa de su pelo abundante y oscuro.

Capítulo 3: El anexo secreto

Los Frank pusieron sus bolsas en el suelo y echaron un vistazo a su escondite. El ático tenía cuatro habitaciones diminutas. Esas habitaciones serían su hogar hasta que acabara la guerra.

Anne tenía miedo, pero también estaba emocionada. ¡Qué aventura! De inmediato, empezó a describirla en su diario. Hasta le puso un nombre a su escondite. Lo llamó el "**anexo** secreto".

Los Frank no estuvieron solos en el anexo secreto mucho tiempo. Poco después, había ocho judíos escondidos allí. El diminuto lugar estaba lleno de gente.

Anne y los demás tenían miedo. Sabían que si los encontraban serían arrestados. Los alemanes podían enviarlos a prisión, o incluso matarlos.

Hacían todo lo posible por mantener secreto su

escondite. Durante el día, cuando había trabajadores en el edificio, no hacían ruido. Caminaban de puntillas y hablaban en voz baja. Tenían las ventanas tapadas. Nunca salían a la calle.

Sólo algunos buenos amigos conocían la existencia

Anne durmió en esta pequeña habitación durante más de dos años. Para hacerla más acogedora, pegó fotografías en las paredes.

del anexo secreto. Casi a diario les traían comida y noticias. Luego, se iban a casa. Pero Anne y los demás judíos no podían volver a casa.

Pasó un año, y luego otro. Todo ese tiempo, Anne siguió escribiendo en su diario. Escribir la ayudaba a soportar esos largos, silenciosos y terribles días. "Espero con impaciencia esos momentos en que puedo escribir en tus páginas", anotó una vez. "Oh, estoy tan contenta de haberte traído".

Anne escribió en este diario los pensamientos que no le contaba a nadie.

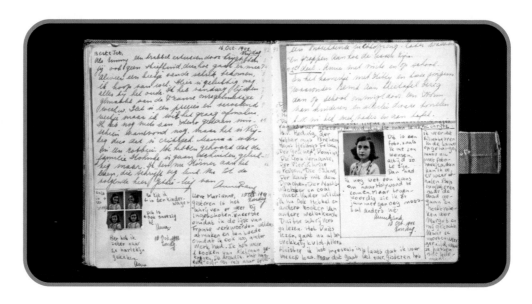

Capítulo 4: La captura

La vida en el escondite era dura, pero lo que vino después fue aún peor. Un día, la policía irrumpió en el anexo secreto y arrestó a Anne y a los demás. Los ocho fueron enviados a **campos de prisioneros**. En uno de ellos, Anne y Margot fueron separadas de sus padres. Nunca volvieron a verlos.

La vida en los campos de prisioneros era muy dura.

Los campos de prisioneros estaban llenos de niños y de ancianos.

La guerra acabó unos pocos meses después, en la primavera de 1945. Alemania había sido derrotada. El señor Frank fue liberado, regresó a casa y esperó noticias de su familia. Pero Anne nunca volvió; ni Margot, ni la señora Frank. Las tres habían muerto en los campos de prisioneros.

Anne en el recuerdo

Anne ya no estaba, pero su diario quedó. Lo había dejado en el anexo secreto. Una amiga lo había encontrado y guardado. Esa mujer entregó el diario al señor Frank. No era mucho, pero era todo lo que había quedado de su familia.

Dit is een foto, zoals ik me zou wensen, altijd zo te zijn. Dan had ik nog wel een kans om naar Holywood te komen.
Anne Frank.
10 Oct. 1942

Anne escribió: "En esta fotografía aparezco como me gustaría estar siempre. A lo mejor así tendría la posibilidad de ir a Hollywood".

El señor Frank lo empezó a leer. Al hojearlo, se dio cuenta de que Anne había sido una buena escritora. Entonces decidió **publicar** el diario. Era su manera de conseguir que el espíritu de Anne se mantuviera vivo. Lo tituló *El diario de una joven*.

Gente de todo el mundo leyó el libro de Anne. Sus palabras conmovieron a muchos, que se sintieron tristes e indignados por su muerte **absurda**.

Una esperanza para el futuro

Anne vio el daño causado por la guerra. Conocía el sufrimiento de la gente. Y aun así, pensaba que las cosas mejorarían. Antes de que se la llevaran, escribió sobre su esperanza de paz.

"...sigo pensando, a pesar de todo, que la gente, en el fondo de su corazón, es buena".

Muchos años han pasado desde entonces. El libro sigue siendo muy popular. De hecho, es uno de los más vendidos de la historia. El relato de Anne ha sido llevado al teatro y al cine.

Anne Frank fue una niña pequeña con sueños grandes. Uno de esos sueños fue llegar a ser una escritora famosa. Gracias a su diario, ese sueño se hizo realidad.

Si alguna vez vas a Amsterdam, podrás ver esta estatua de Anne y visitar el Anexo Secreto.

Glosario

absurda — sin sentido, sin razón

anexo — parte de un edificio unida a la estructura principal

campos de prisioneros — lugares donde se encarcela a prisioneros de guerra

confiar — demostrar confianza contando un secreto

famosa — muy conocida

publicar — imprimir ejemplares y ponerlos a la venta

tropas — soldados

Más información

Libros

Picture Book of Anne Frank. David A. Adler (Holiday House)

The Story of Anne Frank. Rachel A. Koestler-Grack
  (Chelsea House)

Terrible Things: An Allegory of the Holocaust. Eve Bunting
  (Jewish Publication Society)

Páginas Web

Anne Frank Center USA

www.annefrank.com

Fotografías de Anne Frank e información sobre la época
en que vivió

Children of World War 2

www.bbc.co.uk/history/ww2children/index.shtml

Fotografías y cartas muestran cómo era la vida de los
niños durante la Segunda Guerra Mundial

Índice

Información sobre la autora

Jonatha A. Brown ha escrito varios libros para niños. Vive en Phoenix, Arizona, con su esposo y dos perros. Si alguna vez te pasas por allí y ella no está trabajando en algún libro, lo más probable es que haya salido a cabalgar o a ver a uno de sus caballos. Es posible que esté fuera un buen rato, así que lo mejor es que regreses más tarde.